Texto e Ilustrações:
Lucia Reis

*Para Mercedes, que teve um jardim,
13 netos e 3 bisnetos.*

CB022582

Paulinas

Dados Internacionais de Catalogação na Publicação (CIP)
(Câmara Brasileira do Livro, SP, Brasil)

Reis, Lucia
    O mago maluco / texto e ilustrações Lucia Reis. –
4. ed. – São Paulo : Paulinas, 2008. – (Coleção fazendo
história. Série cata-vento)

    ISBN 978-85-356-2327-7

    1. Literatura infanto-juvenil I. Título. II. Série.

08-07992   CDD-028.5

Índices para catálogo sistemático:
1. Literatura infantil   028.5
2. Literatura infanto-juvenil   028.5

4ª edição – 2008
3ª reimpressão – 2018

Direção-geral
Ivani Pulga

Direção de arte
Irma Cipriani

Gerente de produção
Antonio Cestaro

Supervisão de texto
Maria de Lourdes Belém

Revisão
Mônica Guimarães Reis

Produção de arte
Mariza de Souza Porto

Revisado conforme a nova ortografia.

Paulinas
Rua Dona Inácia Uchoa, 62
04110-020 – São Paulo – SP (Brasil)
Tel.: (11) 2125-3500
http://www.paulinas.com.br – editora@paulinas.com.br
Telemarketing e SAC: 0800-7010081
© Pia Sociedade Filhas de São Paulo – São Paulo, 1997

Era uma vez,
um mago meio maluco
e muito atrapalhado.

Um dia ele resolveu que queria um bichinho, achava enjoado viver tão sozinho.

Pegou sua varinha
e seu caldeirão
e começou a imaginar
seu bichinho de estimação.

– ZIGUIRIFUNDUM!
Ziguirifundum!
Varinha encantada,
não me venha com mancadas!

CALITRUNFUM!

Calitrunfum! Caldeirão perfeito,
não me arrume defeitos.

Que esta mágica se realize
muito antes da aurora,
que eu ganhe o meu bichinho
sem muita demora.

E o mago atrapalhado conseguiu
seu bichinho tão sonhado:
um dragão bem grande,
com asas para voar.

De manhã, bem cedinho,
já foram passear.
Voaram por todo lado.

O mago, muito orgulhoso
e emocionado,
mostrou o seu bichinho
até ficarem cansados.

Foram para a cama bem cedo,
logo depois do jantar,

para acordar no dia seguinte
com uma grande surpresa no ar.

O dragão era fêmea, ora!
E tinha muitos filhotes agora!

O mago quase morreu de susto.

– Ai, ai, ai, minha varinha!
Ai, ai, ai, meu caldeirão!
O que é que eu vou fazer
com tanto bicho de estimação?